DISCOURS

PRONONCÉ

AUX OBSÈQUES

DE

M. ADOLPHE-JOSEPH LE FLÔ

COMMANDANT AU 1er RÉGIMENT DE ZOUAVES

PAR

Le R. P. VALLÉE

Des Frères Prêcheurs

ALGER
IMPRIMERIE DE L'ASSOCIATION OUVRIÈRE, V. AILLAUD ET Cie

1878

DISCOURS

PRONONCÉ

AUX OBSÈQUES

DE

M. ADOLPHE-JOSEPH LE FLÔ

COMMANDANT AU 1er RÉGIMENT DE ZOUAVES

PAR

Le R. P. VALLÉE

Des Frères Prêcheurs

ALGER

IMPRIMERIE DE L'ASSOCIATION OUVRIÈRE, V. AILLAUD ET Cie

1878

DISCOURS

PRONONCÉ

Aux Obsèques de M. ADOLPHE-JOSEPH LE FLÔ

Commandant au 1er Régiment de Zouaves

MONSEIGNEUR, (1)

MESSIEURS,

Vous pleurez tous, en ce moment, un brave et vaillant compagnon d'armes ; pour beaucoup même, vous pleurez un ami. Laissez-moi vous dire que l'armée entière s'associera à votre deuil. Laissez-moi vous dire aussi que nous tous, qui ne sommes pas de votre famille militaire, mais qui voyons en vous la grande espérance de notre patriotisme, nous pleurons avec vous.

Pour moi, je pleure le commandant Le Flô, parce qu'en ce temps d'inconscience et de trouble, où les ténèbres menacent de reconquérir les esprits, il fut une âme orientée. Je le pleure, parce qu'en ce temps d'égoïsme,

(1) Monseigneur LAVIGERIE, Archevêque d'Alger.

nul d'entre vous ne me démentira, il fut un dévoué. Je le pleure encore, parce qu'en ce temps où tant d'âmes se laissent mesurer et dompter par les choses d'ici-bas, il fut et resta toujours une âme fière et haute, se souvenant qu'elle était faite pour Dieu et n'abdiquant jamais.

Oui, ce fut une grande âme, une âme où se trouvaient, et dans un degré supérieur, toutes les générosités et toutes les noblesses.

On vous a dit le soldat. Je voudrais vous dire l'homme, vous le faire connaître, autant que possible, par ses propres paroles, vous dire ce que j'ai vu, ce que j'ai compris, et ne pas ajouter un mot de plus; car je veux que tout ce que je vais vous dire, soit ratifié par chacun de vous.

Ce fut un grand cœur: il porta en lui et dans une plénitude magnifique, les trois grands amours qui peuvent glorifier une vie d'homme :

Il aima passionnément sa famille ;

Il aima passionnément sa patrie ;

Il aima passionnément son Dieu ; oui, Messieurs, son Dieu, il l'aima passionnément ; je vais vous le prouver tout à l'heure. Aimer passionnément, c'était, du reste, sa manière d'aimer à lui. Dans cette forte nature, il n'y avait place pour aucun sentiment banal.

I

Il aima passionnément sa famille.

Vous tous qui l'avez approché, vous savez comme il parlait des siens, avec quelle émotion et quel accent ! Quand il évoquait leur souvenir, comme son regard les suivait dans ce lointain où le patriotisme d'une part, et, de l'autre, sa volonté à lui, sa peur de les voir trop souffrir, les tenait ; comme ce regard brillait ; comme son cœur se recueillait religieusement ; comme sa figure s'illuminait !

Dès notre premiere rencontre, il me disait : « J'adore » mon père, j'adore ma mère. Si vous saviez comme je » les aime ! »

Son père, Messieurs, vous savez comme il en parlait ; comme il était fier de lui, fier de son glorieux passé, fier de ses épreuves à certaine époque, fier du rôle si délicat et si élevé dont l'a honoré la confiance de son pays ! Et pourtant, Dieu sait s'il y eut, pour le cœur de chacun d'eux, des heures douloureuses devant la séparation impérieusement créée entre eux par les événements. Mais il s'agissait de la gloire de son père et des intérêts du pays : le commandant n'hésita jamais à accepter le sacrifice.

Comme il était heureux, et fier aussi, de tous ces souvenirs intimes, de toute cette tendresse, de ces exemples, de ces enseignements reçus du cœur de son père! Lui, à personnalité si accusée, si puissante, il était resté humble comme un enfant, presque timide, devant son père. — « Sa supériorité m'écrase, » me disait-il un jour, n'oubliant qu'une chose, la façon brillante dont il continuait lui-même les traditions paternelles. — Messieurs, cette humilité, j'y crois; elle est le signe des âmes supérieures, ne vous y méprenez pas : leur idéal est si grand, si élevé, qu'elles se voient toujours au-dessous.

Et sa mère, Messieurs, sa pauvre sainte mère, elle aussi, comme il l'a aimée, comme il se plaisait à parler d'elle! Longtemps il la tint éloignée, dans la crainte où il était, de la briser par la vue de son état. Non pas qu'il crût à sa mort prochaine. A certaines heures d'écrasement absolu, peut-être : l'illusion tombait; mais bientôt sa pensée, vaillante et toujours active, soutenait et sauvait le corps, en quelque sorte, et le ramenait à l'espérance; et, fort de cette espérance, il attendait.— « Je fais » *tout* dire à mon père, m'écrivait-il, ménageant complè- » tement *ma mère*, qui n'est pas assez calme pour subir » une moins bonne nouvelle, *avant qu'elle ne soit tout-à-* » *fait grave.* »

Enfin, il y a quelque temps, il cessa de lutter contre son propre cœur, et il permit à sa mère de venir. Quelle joie alors ! Comme il la suivait du cœur dans toutes les étapes de sa route ! Comme il bénissait ses amis qui préparaient son installation ! Et, quand elle fut là, comme il la regardait, comme il l'aimait !

Quelques jours auparavant, je l'avais surpris devant un croquis de sa demeure de famille. Il allait et venait, comme ressuscité, tout alerte, tout joyeux. Le croquis était admirablement fait. Il y avait tant de poésie, tant de charme, c'était aussi une pensée si délicate que l'envoi de ce crayon à ce pauvre exilé, que je me sentis remué jusqu'à l'âme. Alors, il me prit la main, et son cœur éclata. Il me décrivit les moindres accidents du site, et, tout-à-coup, avec ce regard profond que la pensée des siens amenait toujours : « Oh ! s'il y avait là un peu de » notre soleil d'Afrique, comme j'y retournerais vite, » comme j'y serais heureux ! ma pauvre mère ! »

Je puis dire qu'il vivait dans une communion constante avec le cœur des siens. Il y a déjà quelques années, un premier deuil était venu les frapper : son jeune frère avait succombé, enlevé en quelques heures par la mort la plus imprévue. La blessure était restée saignante. — « Mon » pauvre père ne s'en est jamais consolé, » me disait-il un jour. — Mon Dieu, que sera-ce donc maintenant ?

Quand il parlait de cette douleur des siens, ses paroles étaient déchirantes et pénétrées ; il avait de ces mots profonds, intimes, vécus longtemps, qui font presque bénir l'heure où l'on a été admis à les entendre, parce que de tels mots révèlent l'âme tout entière.

Ces derniers jours, il était tout à l'espérance et à la joie. La réunion de famille allait être complète. Son père avait enfin pu obtenir un congé : il l'attendait. Sa sœur était en mer : quelques heures seulement, et elle serait là près de lui. Je lui disais, pour ne pas laisser flotter une ombre sur sa joie et écarter tout pressentiment funèbre : « Mon ami, comme vous allez être heureux ! Comme vous » serez consolé de savoir que votre mère ne sera plus » seule ! » — « Oh ! me dit-il, c'est pour moi surtout » que je serai heureux, c'est pour moi. »— Hélas ! il n'a pu la revoir ! Mais, Messieurs, entre nos morts et nous, tout n'est pas fini ; la séparation n'est qu'apparente. La Communion des Saints est un de nos dogmes. Entre les êtres qui meurent dans l'amour du Christ et les âmes qui restent vivifiées du même amour, la communion persiste. Au contact du cœur de Dieu, nos chers absents n'ont appris qu'une chose, à nous aimer mieux encore ; leur pensée nous suit partout. — Ce sera la consolation et la lumière des siens.

II

J'ai ajouté qu'il avait aimé passionnément sa patrie.

Je ne veux pas vous retracer sa vie militaire qu'on a si bien dite, et d'ailleurs, je ne serais pas compétent sur un pareil sujet. Mais je peux et je veux vous dire comment il aimait son pays. Il aimait tout en lui, tout, presque jusqu'à ses fautes, non pas qu'il n'en souffrit profondément : il était de ceux qui aiment assez pour oser regarder en face les plaies morales de l'être aimé, et pour garder, quoiqu'il advienne, foi absolue dans son avenir.

Cette foi, Messieurs, il l'avait entière. Malgré tous les désastres de l'heure qui venait de sonner, il restait debout. Rien n'avait pu entamer sa confiance dans le soldat Français. — « Il y a sur le pays un voile bien sombre, » disait-il, c'est vrai ; mais l'heure viendra où ce voile se » repliera, où la victoire nous sourira de nouveau ; je » crois à cet avenir, j'y crois de toute mon âme. »

Messieurs, cette foi, il nous la faut à tous. Mais il vous la faut, à vous surtout, qui avez l'honneur de commander nos soldats. Il vous la faut, pour l'honneur de votre propre vie. Il vous la faut aussi, pour que tout soldat qui vous approche, en soit comme imprégné et transformé, et qu'entre vous et vos hommes, il n'y ait qu'une âme, en quelque sorte, l'âme de la Patrie.

Cette foi, Messieurs, le commandant Le Flô l'a eue, et, nul d'entre vous ne me démentira, il l'a eue au suprême degré. — Savez-vous pourquoi ? J'y trouve plusieurs raisons :

C'est que d'abord, par sa vocation, il était ce que vous êtes tous, un « condamné à mort » Vous avez tous cette gloire, d'être, dès les premiers pas, dès les premiers grands actes de votre vie, des sacrifiés à la Patrie, et des sacrifiés jusqu'à la mort. Je sais bien que nous aussi, si le pays traversait une crise suprême, je veux le croire du moins, nous saurions mourir. Mais quelle distance de vous à nous ! Cette idée de sacrifice volontaire à la Patrie, au Drapeau qui l'incarne, cette idée vous enveloppe, vous, à toute heure ; vous vivez avec elle, vous vivez d'elle. Il n'y a pas un acte d'abnégation dans votre vie, pas une obéissance à la discipline qui n'entretienne en vous l'idée du sacrifice suprême. Votre vie est organisée ainsi, qu'à tout instant, la Patrie peut venir frapper à votre porte et vous dire : « Mon fils, l'heure est venue, j'ai besoin de ton sang, j'ai besoin de ta vie. » Et vous vivez dans un milieu où il est sans exemple que sa voix n'ait pas été entendue. — Je dis qu'entre la Patrie et de tels hommes, il y a des liens plus profonds et plus forts ; je dis qu'il y a plus d'amour ; et, quand il y a plus d'amour, il y a plus de foi.

Eh bien, Messieurs, cet amour, cette foi, le commandant Le Flô l'avait comme vous tous. Ce dévouement jusqu'au sang a été la passion de sa vie, et je puis dire qu'il en est mort. Vous ne savez peut-être pas l'histoire de sa maladie. — C'était le soir de Gravelotte. Il avait passé la journée entière à porter des ordres. Vers la nuit, son cheval fut tué sous lui. Il lui fut impossible d'en trouver un autre. Tout épuisé, il essaya de continuer sa marche ; mais arriva un moment où la lassitude l'emporta sur la volonté ; il tomba demi-mort de fatigue et s'endormit. Il était onze heures. A trois heures du matin, il se réveillait, le corps tout glacé ; une sueur froide lui coulait des tempes. Votre camarade était blessé à mort, Messieurs : Vous voyez où cette blessure l'a conduit ! — J'avais donc raison de dire qu'il était mort à l'ennemi.

Ah ! Dieu devait bien cette mort à ce magnifique soldat !

Mais, ne nous y trompons point, se dévouer jusqu'au sang, c'est quelque chose assurément ; mais il faut plus. Ce n'est pas assez de bien porter l'épée, et de savoir, l'heure venue, tacher, que dis-je ! glorifier son uniforme de son sang : il faut un dévouement plus grand encore, il faut le don de la volonté. Il vous faut à tous une volonté que l'obstacle n'étonne pas, qui sache les affronter tous, quels qu'ils soient, et en triompher. Mais pour cela, Messieurs, pour créer en soi cet admirable instrument, plus redoutable que l'épée, que d'efforts, que d'énergie à dépenser chaque jour, et dans les moindres choses ! — Cette volonté, Messieurs, le commandant Le Flô l'a possédée souverainement. Ceux qui l'ont vu l'an dernier à cheval, chaque jour, pendant de longues heures, à la tête de son bataillon, savent quel était l'héroïsme de cette volonté. De temps à autre on le voyait se tenir la poitrine avec les deux mains, comme pour l'empêcher d'éclater ; mais le devoir était là, et, quand le devoir avait parlé, il allait devant lui, simplement, se dépensant sans compter. Il alla ainsi jusqu'au bout, jusqu'à l'heure où le souffle manqua à ses poumons, où sa voix eut perdu toute vibration. Alors, mais alors seulement, il comprit que le repos devenait sa loi, et s'arrêta.

Il y a un don de soi plus noble, plus difficile aussi, qu'il faut pourtant consentir à faire si l'on veut aimer son pays, et ce don, hélas ! bien peu savent le faire. Se dévouer par le sang, c'est beau ; se dévouer par la volonté, c'est mieux ; mais se dévouer par l'intelligence, c'est le don suprême, cela ; c'est celui qui achève de grandir et de former l'homme en nous. Si chacun de nous, Messieurs, se préoccupait de ces grands problèmes qui s'agitent aujourd'hui ; si chacun, dans la mesure de ses forces, préparait vaillamment les éléments de la synthèse future qui pacifiera et ralliera les esprits ; si du moins, chacun, dans sa sphère, se rendait compte des intérêts qui lui sont confiés, et se mettait en mesure de les défendre contre toute attaque, que de forces, neutralisées à l'heure actuelle, qui seraient mises ainsi au service de la France !

Mais combien y en a-t-il qui aient le courage de ce dévouement ? Je ne parle pas de vous, Messieurs. Je suis convaincu qu'en m'approchant de vous, je recueillerais à ce point de vue une joie profonde ; et pour croire à cela, il me suffit de jeter un regard sur cette Académie militaire, où tant d'éléments de travail vous sont offerts, et où vous vous réunissez avec tant d'entrain.

Mais, en dehors de vous, Messieurs, que de paresse intellectuelle ! que d'esprits non initiés, inconscients ! que de neutres !

Jamais le commandant Le Flô n'eut accepté cette neutralisation de ses forces. Pour lui c'eût été forfaire. Ne pas étudier, ne pas penser, c'eût été trahir la France, l'atteindre dans sa plus sûre grandeur et sa meilleure gloire, — l'intelligence de ses Fils.

Pour préparer l'avenir, il vous faut connaître l'ennemi, ses ressources actuelles, ses efforts possibles. Il faut aussi connaître le tempérament national, ses énergies, ses ressorts. Hommes et choses, le commandant étudiait, voulait comprendre tout. Peu ont connu et aimé le soldat Français plus que lui. Peu aussi en ont été aimés au même degré. Sa préoccupation était de se tenir au courant de tout ce qui paraissait en France et à l'Etranger sur les questions militaires. Ces questions-là faisaient le fond de ses études. Il y a trois mois, il reprenait la correspondance de Napoléon Ier, afin d'étudier sa campagne d'Italie. Son âme de soldat éprouvait comme un éblouissement devant ce génie militaire étrange, unique peut-être. La puissance de concentration d'esprit, la science profonde, les audaces toujours raisonnées, les succès inouïs, l'activité prodigieuse, tout en faisait pour lui le type achevé de l'homme de guerre. — « On se sent bien petit

» près de tels hommes, disait-il ; mais on sort de leur » contact, plus intelligent de la guerre et du soldat; on » croit plus à l'avenir ; on aime mieux son pays, parce » qu'on sent qu'on pourra mieux le servir. »

Voilà, Messieurs, pour moi, quelles furent les trois grandes sources de sa foi dans l'avenir de la France.

Aussi, comme il était de ceux qui vous donnent sécurité, quand on les voit ou quand on les entend ! Qui de vous ne s'est dit : Si l'heure des combats venait à sonner, si Dieu se souvenait de la France, et la prenait par la main pour la ramener à ces hauteurs qu'elle n'a jamais, Dieu merci, désespéré d'atteindre à nouveau, ce sont des hommes comme lui que Dieu choisirait !

Pour moi, profane au point de vue du métier, mais passionné comme vous pour l'avenir de notre France, je vous avoue que dans mes prières, jusqu'à la dernière heure, je l'ai disputé à Dieu, qui, je le sentais trop, allait nous le reprendre. Quelle foi superbe j'avais en lui, et quelles pages mon amitié pour lui et mon patriotisme écrivaient à son honneur, dans le livre de l'avenir ! Hélas ! Messieurs, ce livre est fermé pour lui..... Mais non, il reste ouvert, n'est-ce pas, dans le cœur de ses camarades comme dans le cœur de ses soldats. De telles âmes ne s'approchent pas en vain des nôtres. La flamme qui le consuma, vous l'avez recueillie jalousement, comme l'une des gloires de son régiment, l'une des espérances de votre drapeau, comme une force de plus pour chacun de vous.

Ah ! des âmes de soldat, vaillantes ainsi, dévouées ainsi, lumineuses ainsi, mon Dieu, multipliez-les parmi nous !

III

Enfin, j'ajoute qu'il a aimé son Dieu, et qu'il l'a aimé passionnément.

J'ai là-dessus à vous dire des choses intimes, que moi seul, peut-être, je peux dire, et je le ferai hardiment ; car ceux d'entre vous qui ont été ses amis, ses intimes, — il était, Messieurs, du petit nombre de ceux qui sont capables d'intimité, — ceux-là témoigneront pour moi, et trouveront dans ce que je vais dire, la clef des transformations qu'ils avaient dû constater en lui, pendant ces derniers temps.

Dans le mouvement qui le portait à Dieu depuis quatre mois, il y a eu deux phases bien distinctes.

Quand il m'appela près de lui, ses premiers mots furent ceux-ci : « Mon Père, je veux me confesser ; j'ai une » foi profonde ; je l'ai peut-être un peu oubliée ; mais je » veux revenir à Dieu et de toute mon âme. Je ne me » confesserai que demain. Aujourd'hui, parlez-moi de » Dieu, réveillez ma Foi, rendez au Prodigue l'intelli» gence de son Père du Ciel. »

Et nous parlâmes longuement, trop longuement peut-être. Mais que voulez-vous, quand les âmes se rencontrent, comment songer à compter les secondes ? Son âme ardente, affamée, sollicitait la mienne, et nous eûmes alors une de ces causeries émues, vivantes, dont le souvenir ne s'oublie pas.

Sa conversion se fit ainsi, Messieurs. Il eut ce bonheur, ce privilège de la Providence, je dirais, de revenir à Dieu, non par la peur de la mort, il eût été humilié de cela, mais à l'heure où sa foi dans l'avenir restait intacte. Il revint à Dieu pour obéir à sa conscience ; parce que revenir à Dieu, c'était revenir au devoir ; parce que, dans ce recueillement que la maladie lui faisait, faire la volonté de Dieu était devenu un impérieux besoin pour lui.

Il se confessa donc, et, de ce jour-là, sa décision était bien prise.— « Quand on *aime* Dieu, me disait-il, on *peut* » *vouloir* ; quand on *veut*, c'est *jusqu'à la mort*. » — A partir de ce moment, il n'y a pas eu de jour où il n'ait prié. Je n'entends pas par prier, réciter seulement quelques unes de ces admirables formules que Jésus-Christ nous a laissées. Par elles-mêmes, bien pénétrées, ces prières pourraient nous porter plus haut qu'aucune autre ; mais, par une infirmité de notre nature, trop souvent elles glissent sur le cœur : on les récite par routine. J'entends cette prière personnelle qui porte l'âme à Dieu avec toutes ses aspirations et toutes ses faiblesses, comme à Celui d'où toute vie peut venir.

Il lisait et méditait. Dès la seconde semaine qui suivit, il avait relu tout l'Evangile de saint Jean. Je lui avais donné les Confessions de saint Augustin : je ne puis dire l'extase de son âme devant les fortes pensées qu'il y trouvait. « Comme le Dogme catholique est grand, disait-il ;

» quelle vie, quelles clartés ! Comme nous vivons en de-
» hors, nous qui nous croyons chrétiens ! »

Il alla ainsi, jusqu'au moment où l'épuisement le força de renoncer à toute lecture. Mais alors, du milieu de cet anéantissement, parfois de ces tortures, son âme priait encore et cherchait Dieu, ce Dieu qui l'avait retiré des ténèbres, ce Père qu'il avait retrouvé enfin, qu'il aimait de toute son âme. Il avait toujours espéré communier à l'église; c'était sa joie. —« J'irai, à Noël, à la cathédrale,
» disait-il ; je veux que mes camarades sachent tous que
» je suis revenu à mon Dieu, et que désormais, je veux
» vivre dans le respect de ma Foi. »

Mais une rechute survint, qui devait être suivie de tant d'autres, hélas ! Le voyant cloué sur son lit, je lui dis : « Mon ami, si vous le voulez, je vous apporterai le Bon
» Dieu demain. » — Messieurs, quand il parlait de communier, vous ne pouvez vous faire une idée du bonheur que son regard exprimait. Eh bien, quand je lui proposai de lui apporter son Dieu, là, dans sa chambre de malade, l'effroi le saisit. — « Oh ! non, pas ici ; il n'y a que
» les mourants que j'aie vu communier ainsi. » — Je ne veux pas ici jeter une ombre sur sa mémoire, je l'ai trop aimé pour cela ; mais j'ai promis de ne dire que ce que j'avais vu. Que voulez-vous ? Le Commandant était comme vous tous, Messieurs. Nous sommes baptisés dans le sang du Dieu qui est venu à nous, s'est incarné, a parlé notre langue, est mort d'amour pour nous, afin de nous dire combien il voulait nous faire *près* de lui. Et quand ce

Dieu, continuant son mouvement d'amour infini, veut venir à nous, veut se faire *près* de nous, l'épouvante nous saisit. Cela tient à ce que notre éducation religieuse et le milieu social dans lequel nous vivons, ne nous ont pas suffisamment initiés aux ineffables miséricordes de Dieu. Au lieu de lui faire dans notre vie la place d'ami qu'il ambitionne, nous sommes habitués à ne le voir apparaître qu'au moment suprême, et sa pensée qui devrait soutenir et béatifier notre vie, s'unit presque toujours pour nous à celle des angoisses et des déchirements de la dernière heure.

Il ne communia donc pas; mais il était resté affamé de son Dieu, et que de fois il m'a dit : « Quand donc serai-je » assez fort pour aller communier ? » — Je ne crois pas qu'il ait passé un seul jour sans carresser cette pensée au fond du cœur. Elle a été, pendant quatre mois, comme sa prière continue à Dieu. L'avant-veille de sa mort, je lui avais de nouveau proposé de le communier.—« Oh ! non, » pas ici ; mais ce sera bientôt, m'avait-il répondu ; je » vais beaucoup mieux depuis deux jours. »

Comment, hélas ! ne se serait-il pas fait illusion ? Vivre pour être la joie, l'honneur des siens, pour racheter et glorifier son pays, pour aimer son Dieu à la face de tous, c'était si beau, et toute son âme était si énergiquement vouée à ce programme !

Une heure vint, pourtant, où toute illusion disparut. C'était vendredi soir. Il avait fait encore une promenade dans l'après-midi. Au dîner, il fut d'une gaieté si étrange que sa pauvre mère en eut peur et en éprouva comme un sanglot.

Au moment où il se mettait au lit, un étouffement le prit « Le docteur, le docteur ! » cria-t-on.—« Non, non, dit-il, le prêtre ! » — Il sentait que tout était bien fini.

Alors commença ce que j'ai appelé la seconde phase de son mouvement vers Dieu.

Il regarda la mort bien en face, et il n'en eut pas peur. Il prit toutes ses espérances, tous ses rêves de jeunesse, de gloire ; il prit le cœur de son père et le cœur de sa mère dont le brisement retentissait en lui si douloureusement ; il enveloppa du regard et du cœur tous les siens, tous ses amis fidèles, et dans un élan, un don de soi qui ne devait plus cesser qu'à son dernier souffle, il s'offrit à Dieu qui venait à lui.

Le prêtre était arrivé. Alors, pendant que la mort hâtait son œuvre, se passa une scène antique. — Calme et forte, sa pensée présidait à tout. — « Je veux me confesser, dit-il. » — On le laissa avec le prêtre. Quand ses dernières confidences furent achevées, le rêve tant caressé de ces derniers mois lui revint au cœur. D'un accent que la Foi rendait triomphant, « Je veux communier, dit-il ; » je ne veux pas m'en aller sans avoir communié. » — On lui donna d'abord les onctions suprêmes. Puis, on le communia. A ce moment, une expression de paix si profonde, de joie intérieure si intense, se répandit sur ses traits que M. le curé qui l'assista me disait : « Jamais, » depuis 25 ans, je n'ai ressenti autant de consolation ni » autant d'espérance au chevet d'un mourant. »

Un moment, l'angoisse sembla suprême ; ses souffrances étaient effrayantes ; tous sanglotaient près de lui. « Docteur, en ai-je pour longtemps encore? s'écria-t-il. » — « Non, mon ami. » — « Dans une heure, sera-ce fini? » — « Oui. » — « Oh ! merci, merci à vous, et merci à Dieu. »

Alors, avec un calme, une douceur pénétrante, il appela sa mère près de lui. — « Ma mère, il le faut, vous serez calme, n'est-ce pas : A Dieu ! » Et il mit tant de tendresse, tant d'amour filial dans son regard et dans sa voix que la pauvre mère est soutenue depuis deux jours par ces derniers mots qui devaient la briser.

Il parla de chacun des siens, mettant tout son cœur en chaque mot. Il appela les amis si dévoués qui étaient accourus près de lui. — C'est à vous, Messieurs, à redire ce dernier adieu. Vous l'avez bien aimé ; mais comme il vous aimait, lui aussi ! — Il donna un souvenir cordial à son docteur, à ses amis absents, à ses compagnons d'armes. Il fit venir aussi ses domestiques, donnant à chacun une parole de remerciement et de consolation.

Il en vint enfin à son père, et toutes les grandes passions de son âme semblèrent reprendre une nouvelle vie. — « A mon père, à mon bien-aimé père, oh ! vous di-
» rez combien je l'ai aimé ; combien je le remercie de
» toute la tendresse dont il m'a enveloppé ! Dites-lui
» aussi que je le remercie de tout ce qu'il a fait pour son
» pays ! » — Oh ! cette bénédiction, Messieurs, du cœur d'un tel fils, prions pour qu'elle retombe comme une

force et une consolation sur le cœur de son malheureux père !

Il recueillit ses forces, et il ajouta encore : « Vous direz » à mon père que je meurs en catholique et en zouave ! »

Puis il laissa retomber sa tête ; et quelques instants après, tout était fini : il était parti à Dieu.

Ah ! Messieurs, ce dernier mot de votre camarade, gardez-le. Vous le voyez, il vous a appartenu jusqu'au dernier battement de son cœur. Ayez le courage de garder son souvenir et son exemple comme un héritage de famille. Je vous l'ai dit : il y a une communion intime des âmes entre nos morts et nous. Soyez sûrs que la sienne vous suivra du regard, dans vos travaux, comme sur les champs de bataille. Souvenez-vous surtout de ses dernières paroles. Faites-en vaillamment la lumière de votre vie. C'est bien son âme tout entière qui a passé dans ces quelques mots. C'est l'effort suprême de sa tendresse filiale pour laisser une consolation à ceux qu'il allait quitter. — « Dites à mon père que je m'en vais fidèle à mon Dieu, et fidèle à mon drapeau, fidèle aux deux grands amours qu'il a voulus en moi : Je meurs en catholique et en zouave ! »

Messieurs, le seul vœu que je puisse former pour vous, c'est que vous puissiez redire vous aussi, à votre dernière heure, ce mot du commandant Le Flô : « Je meurs en catholique et en zouave ! »

www.ingramcontent.com/pod-product-compliance
Ingram Content Group UK Ltd.
Pitfield, Milton Keynes, MK11 3LW, UK
UKHW012131240726
13965UKWH00005B/2109

9 782013 043830